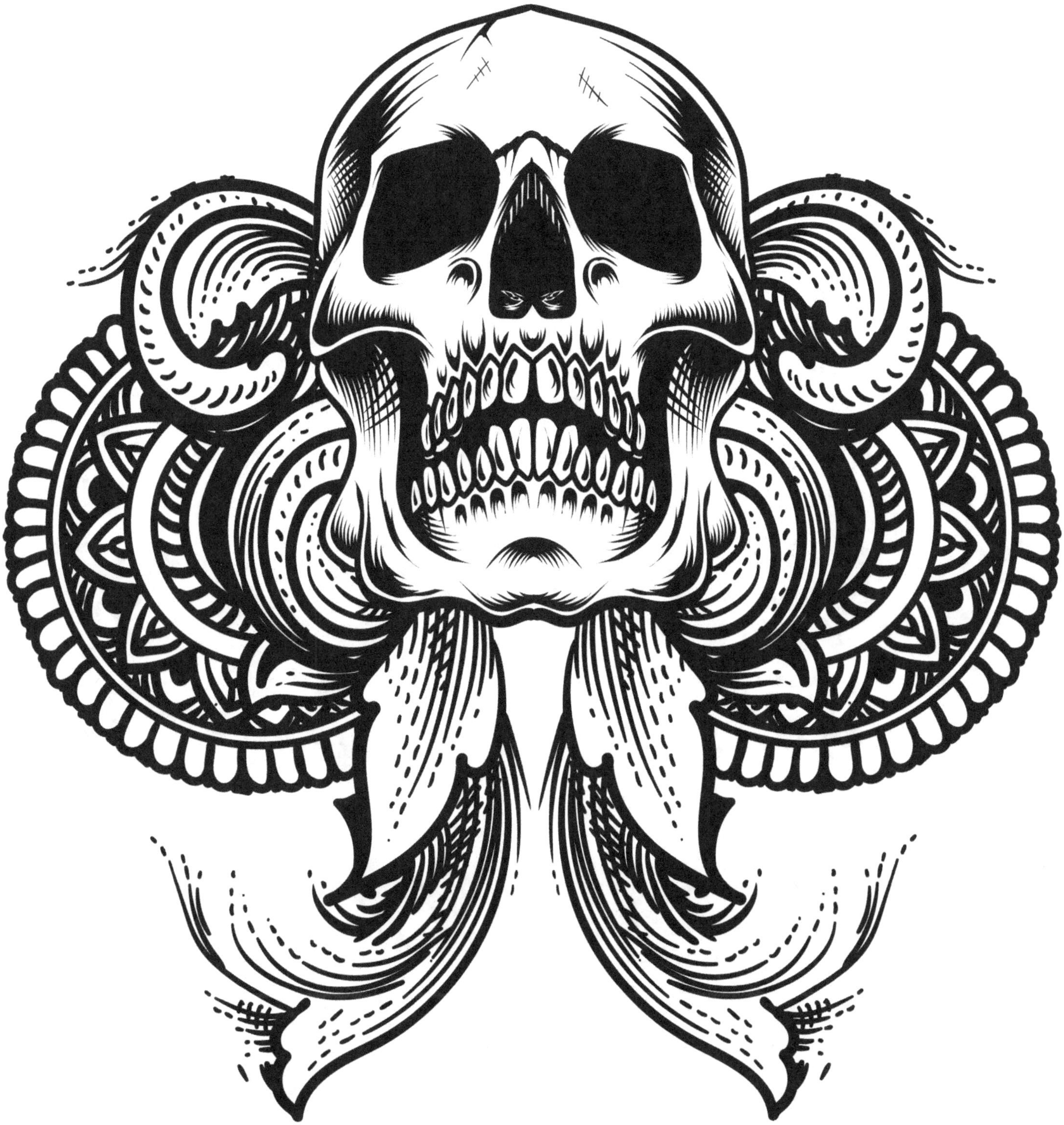

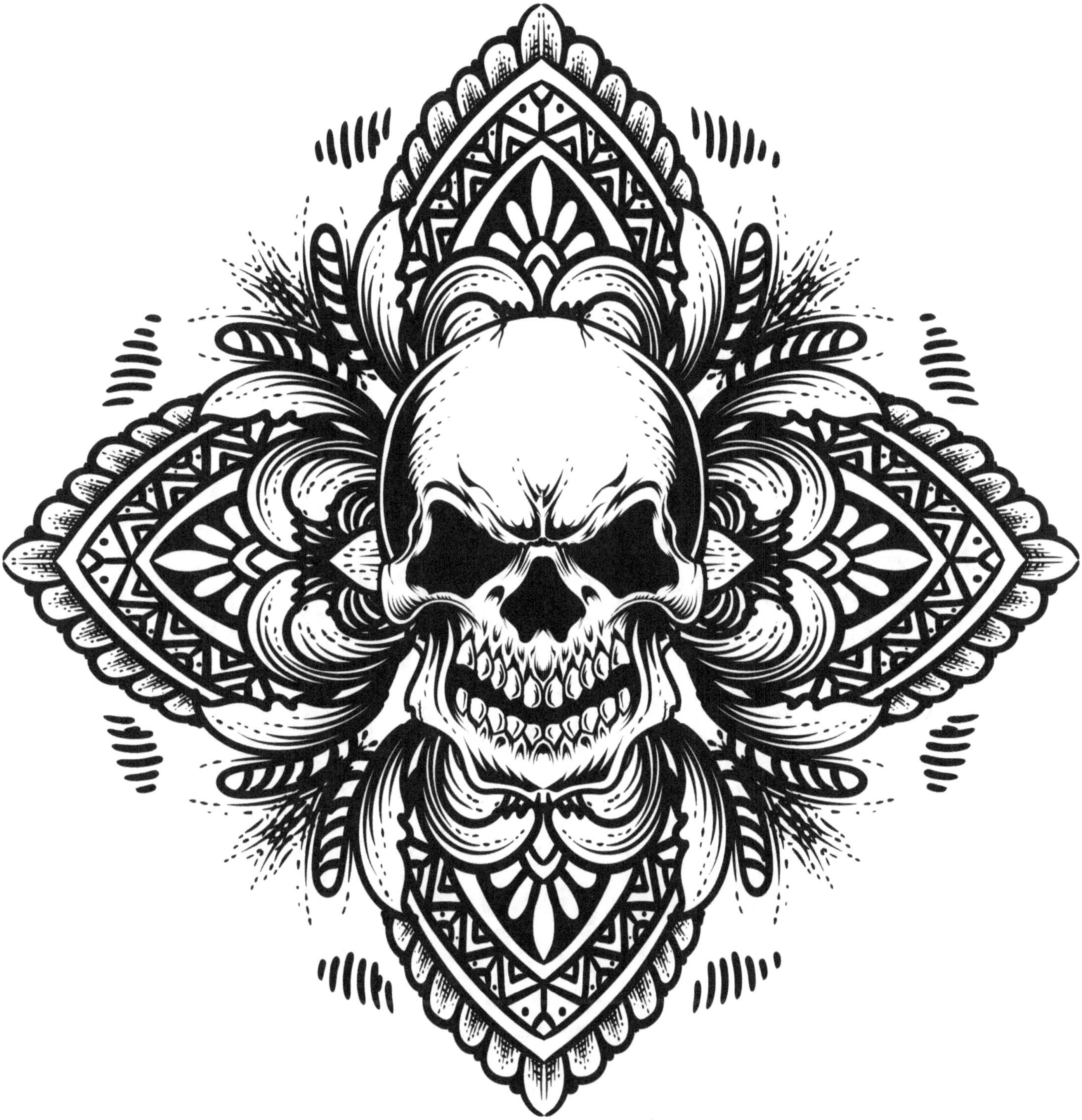

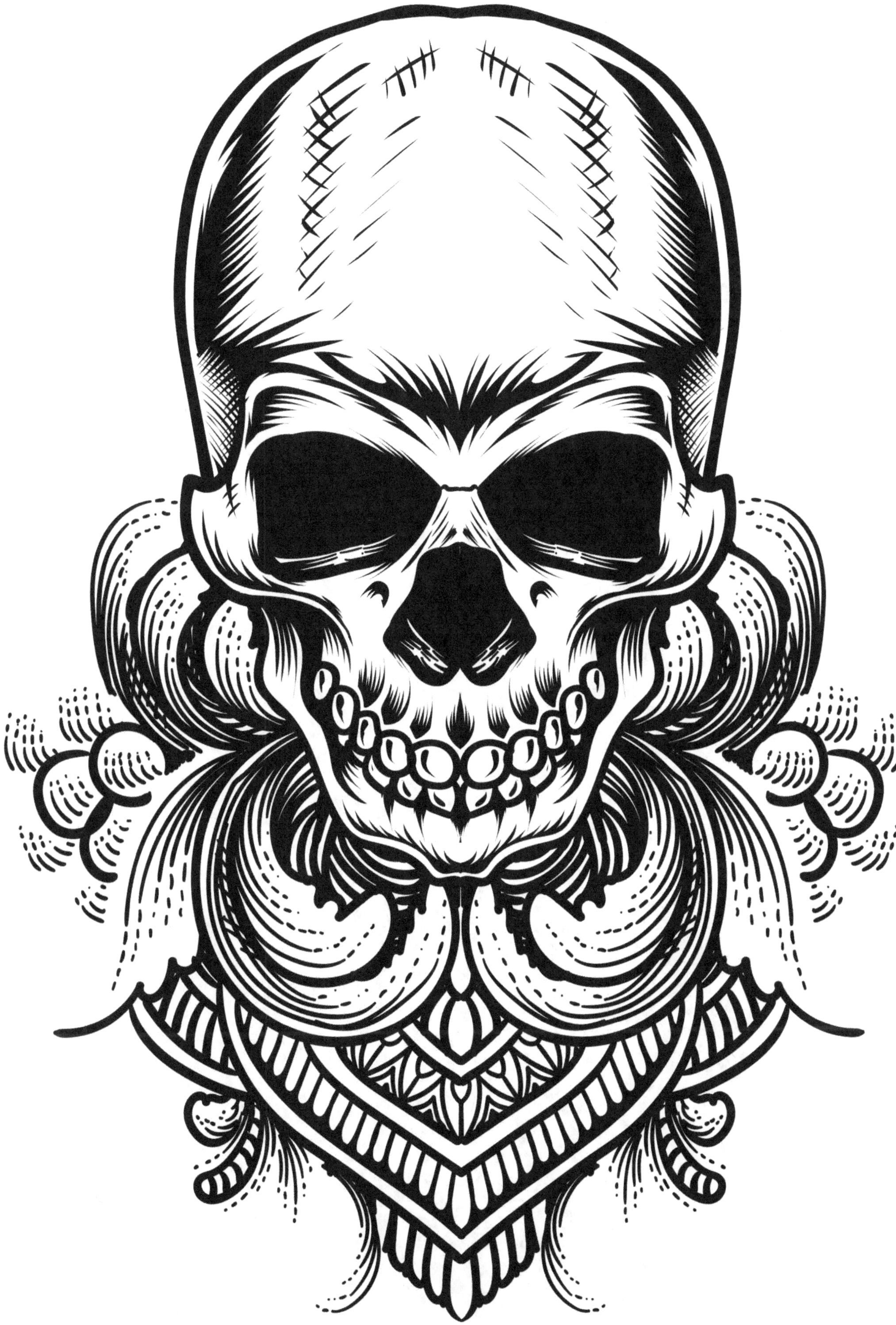

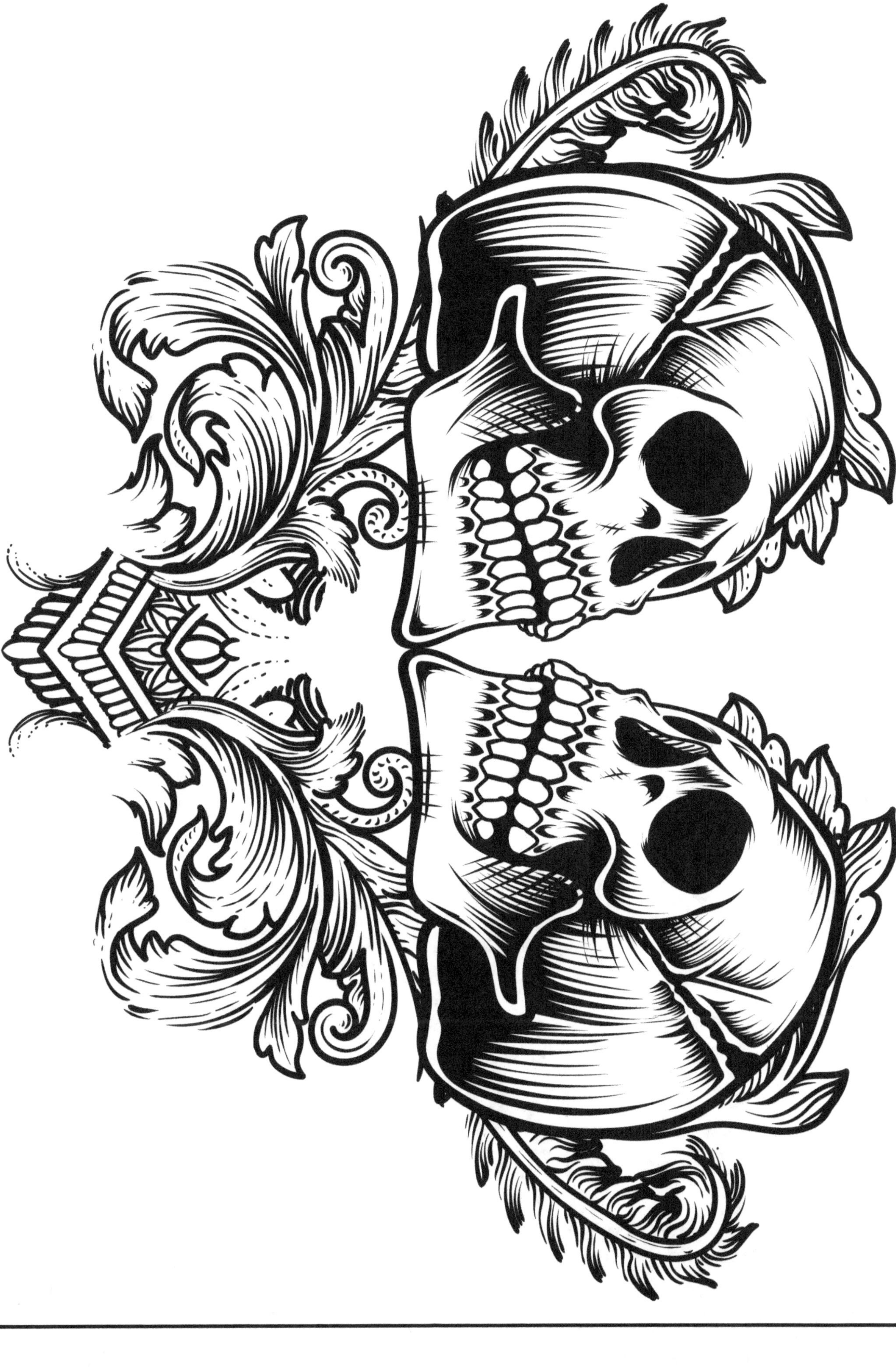

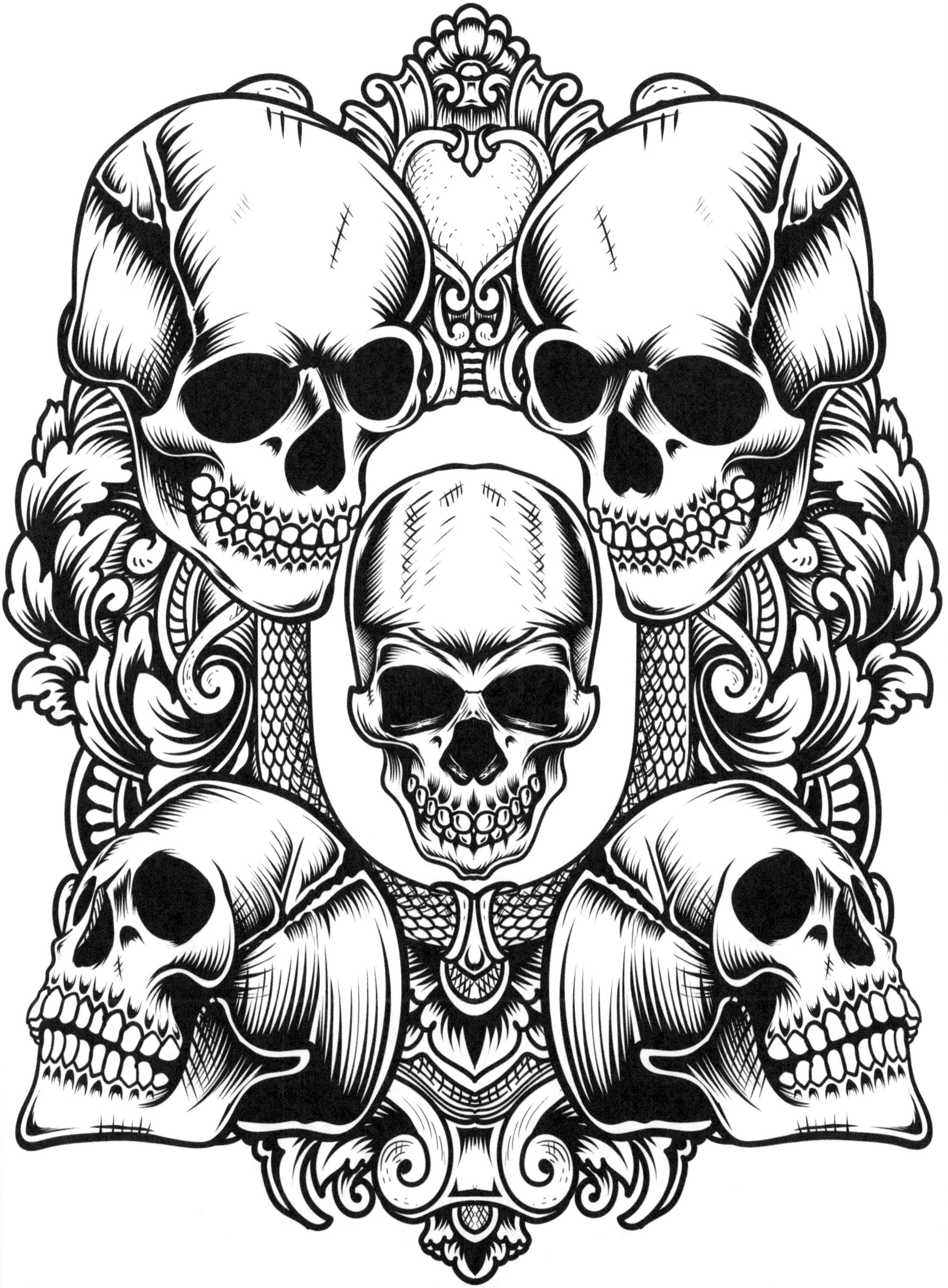

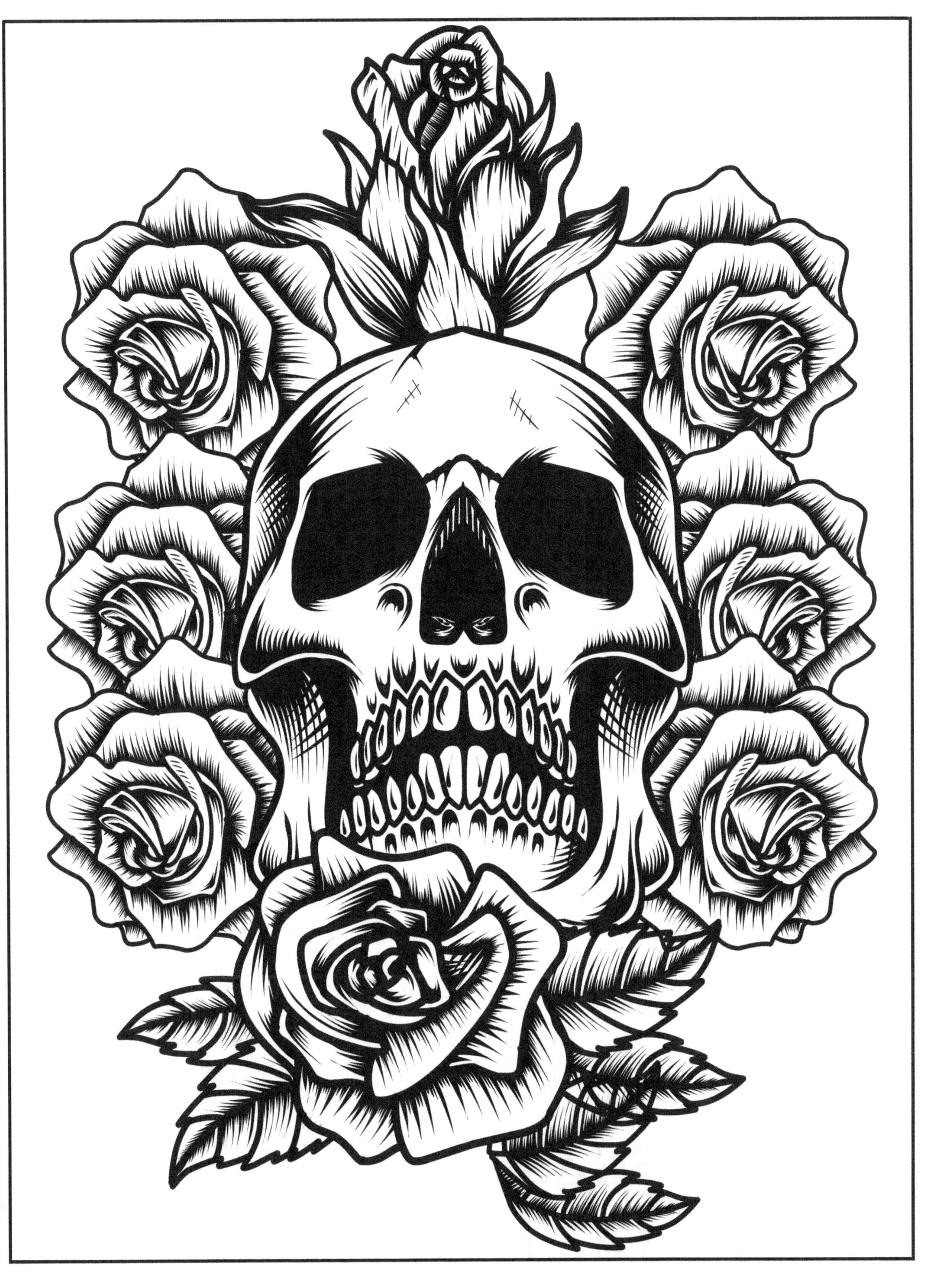

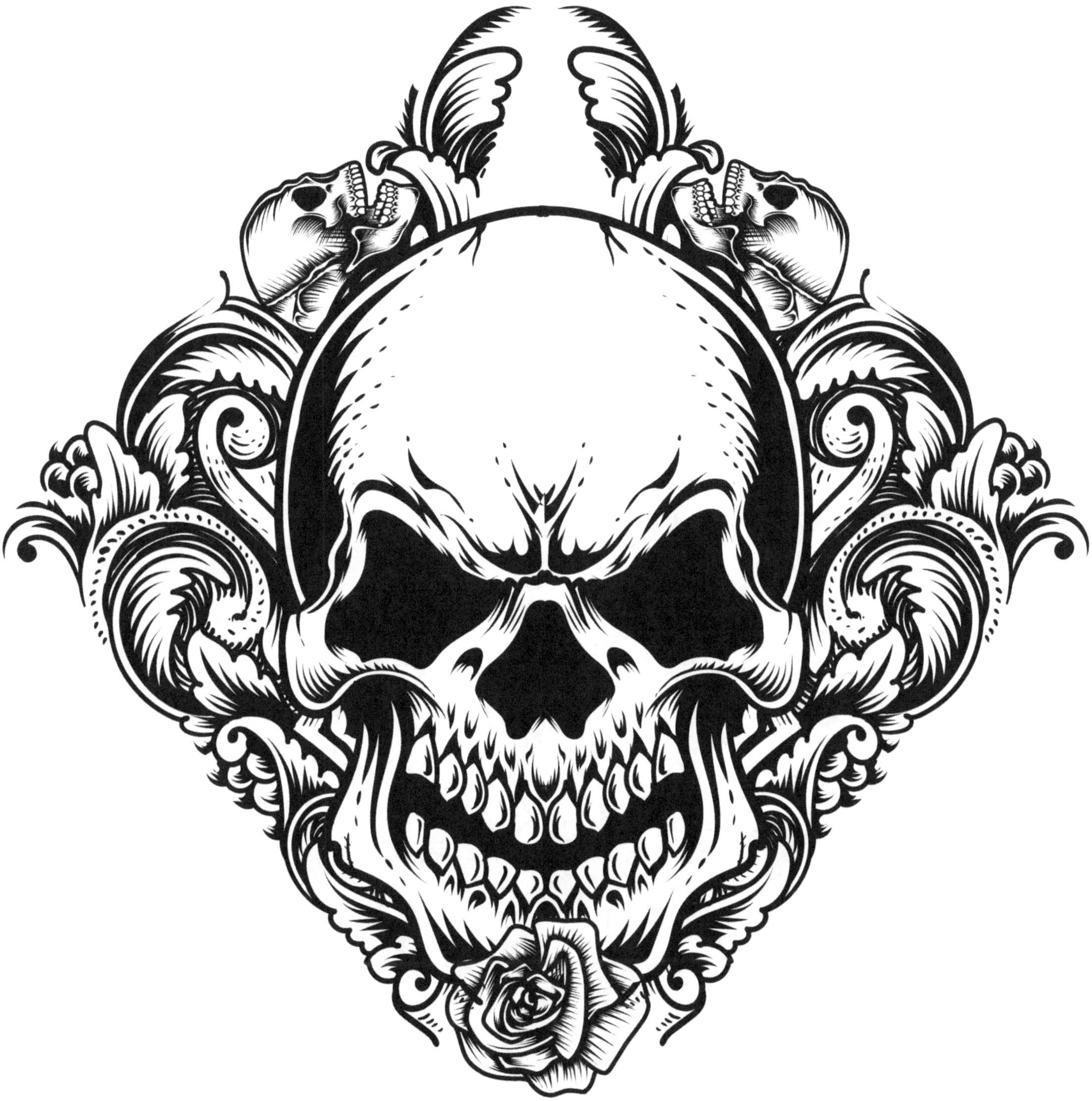

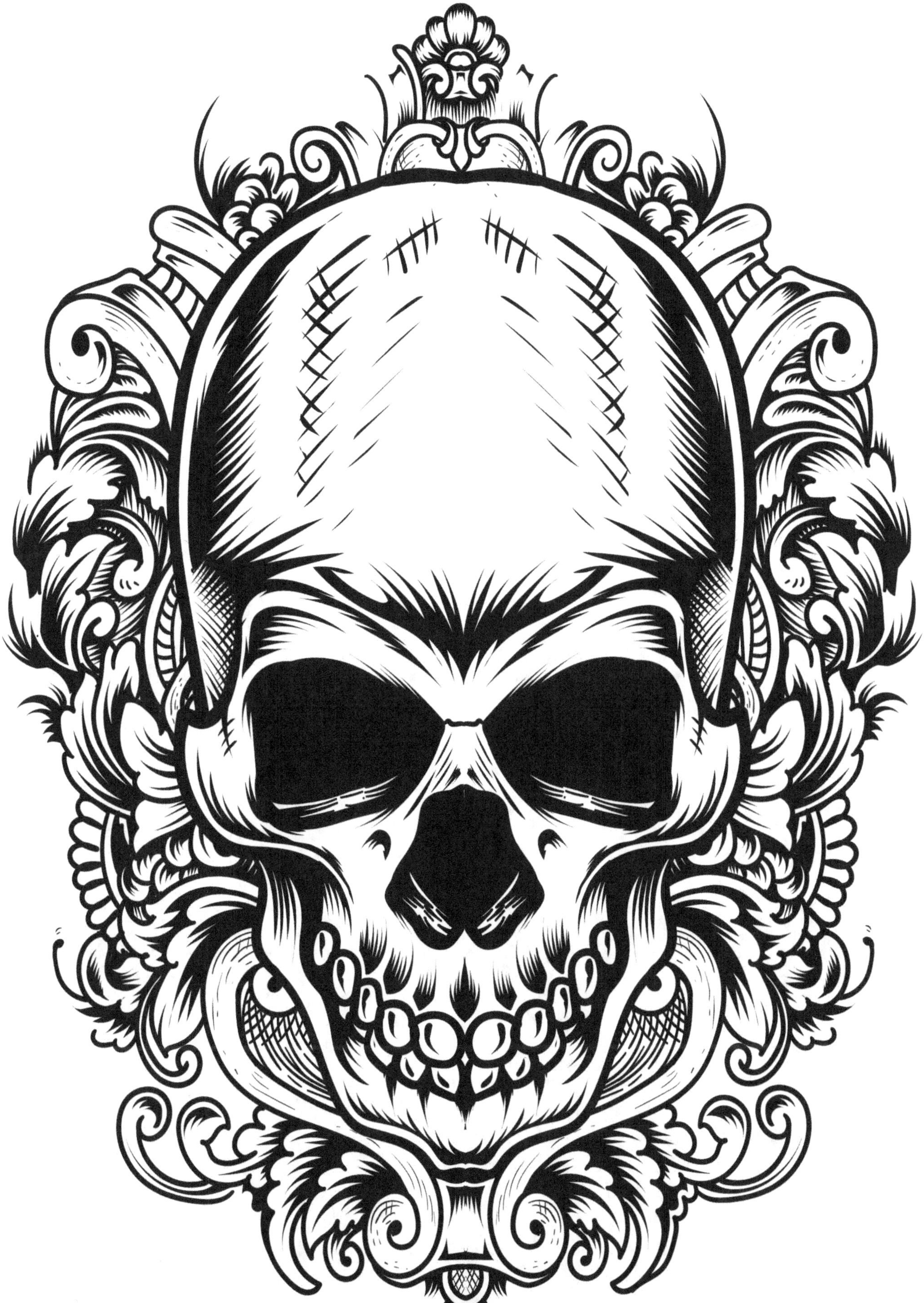

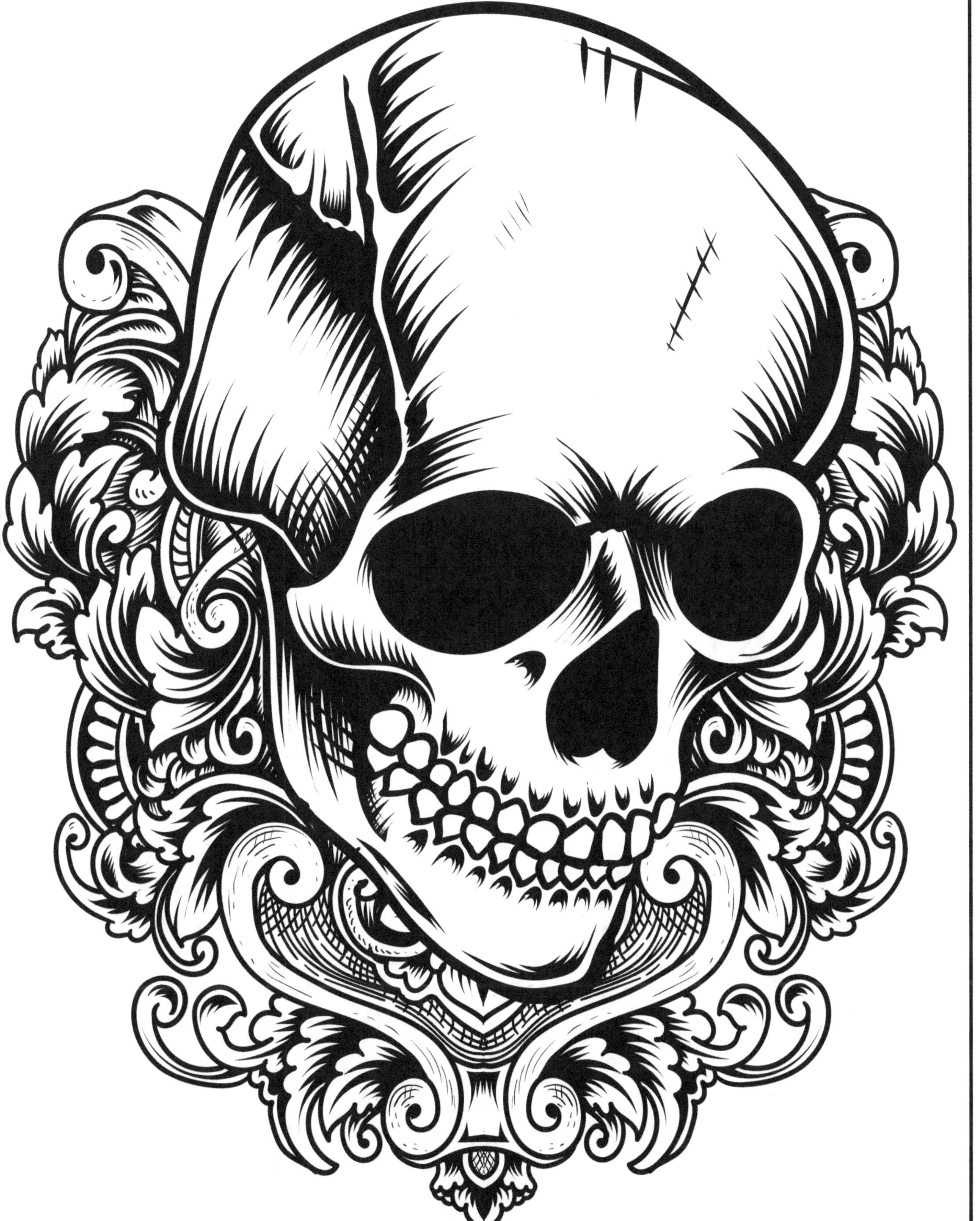

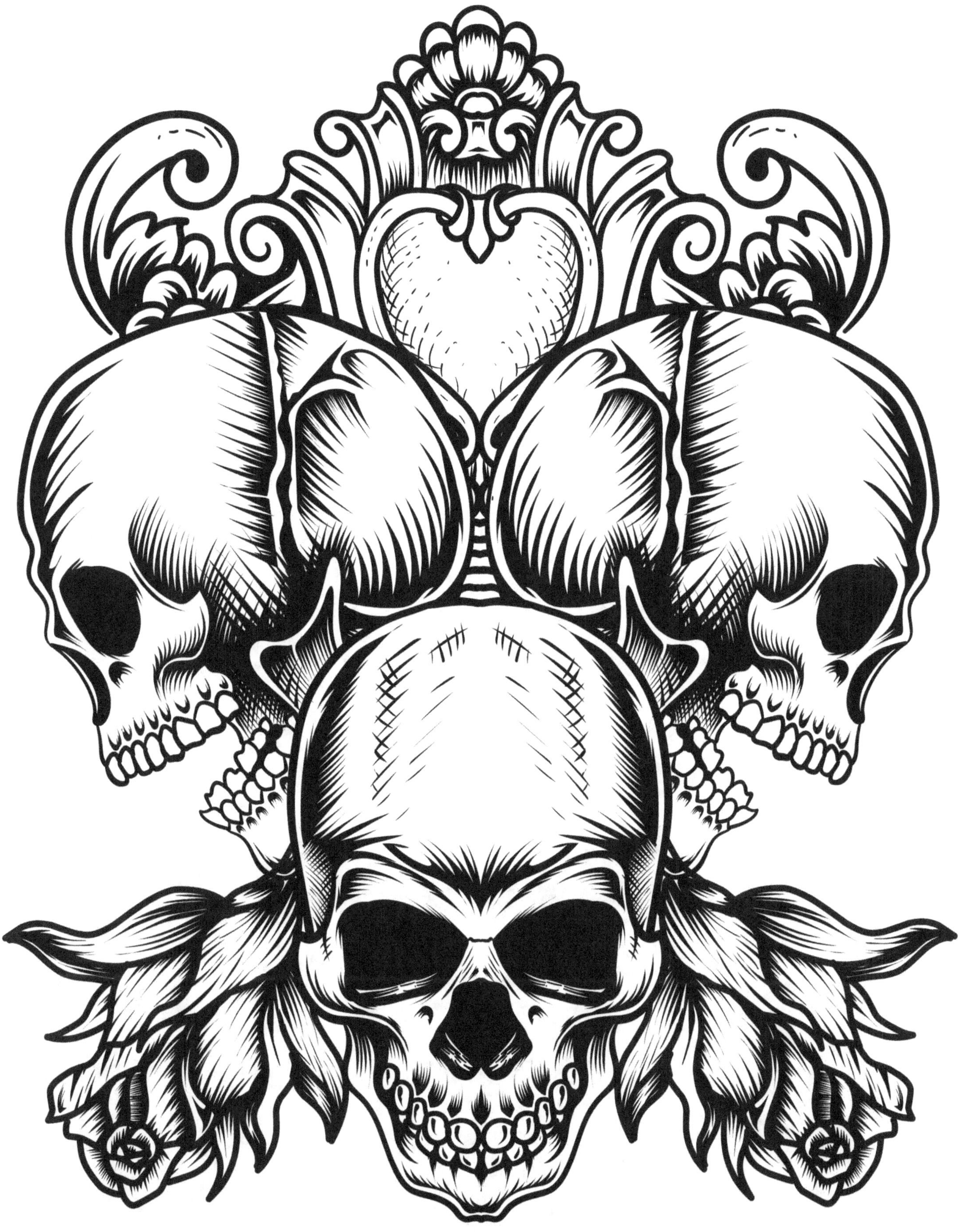

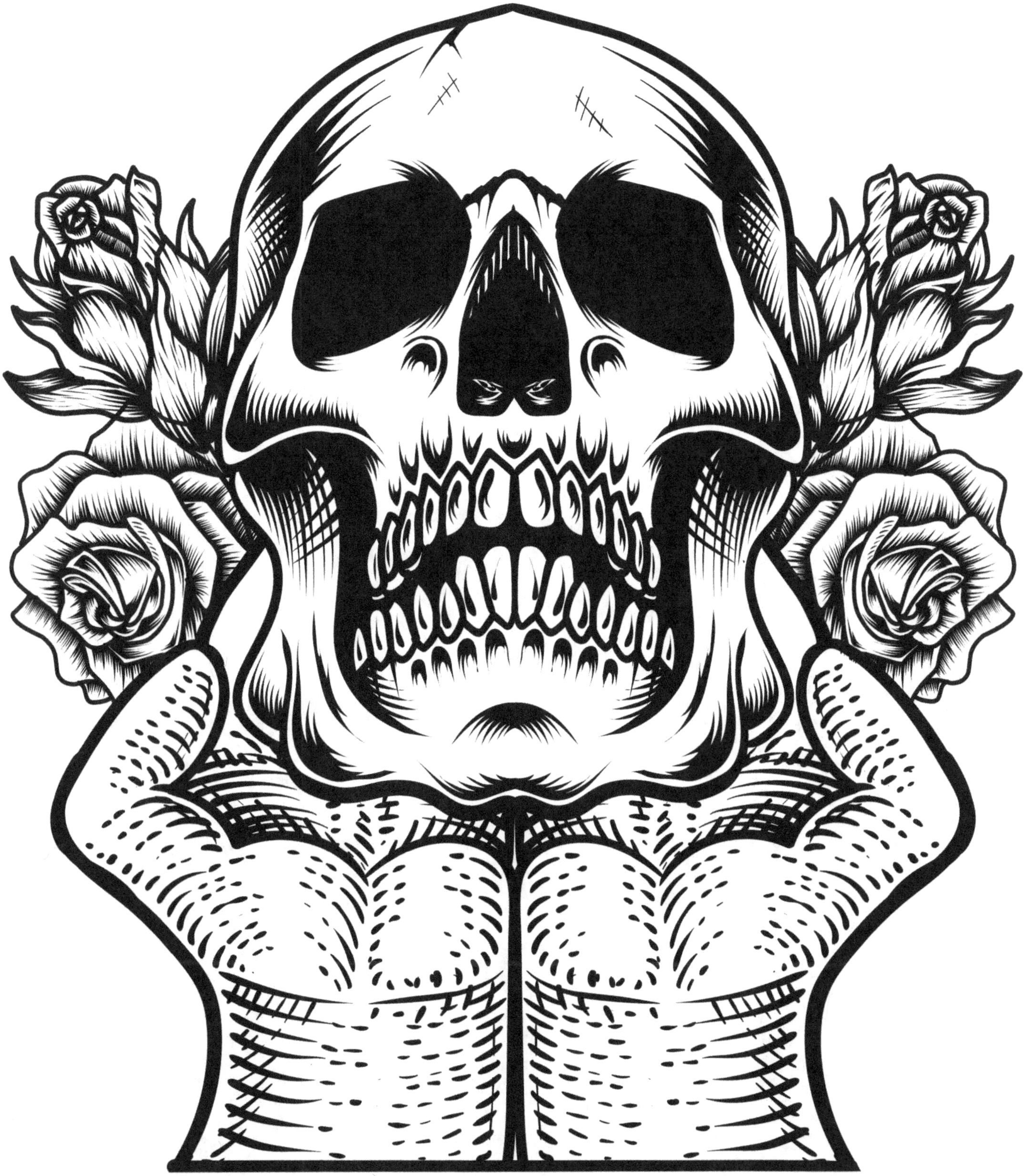

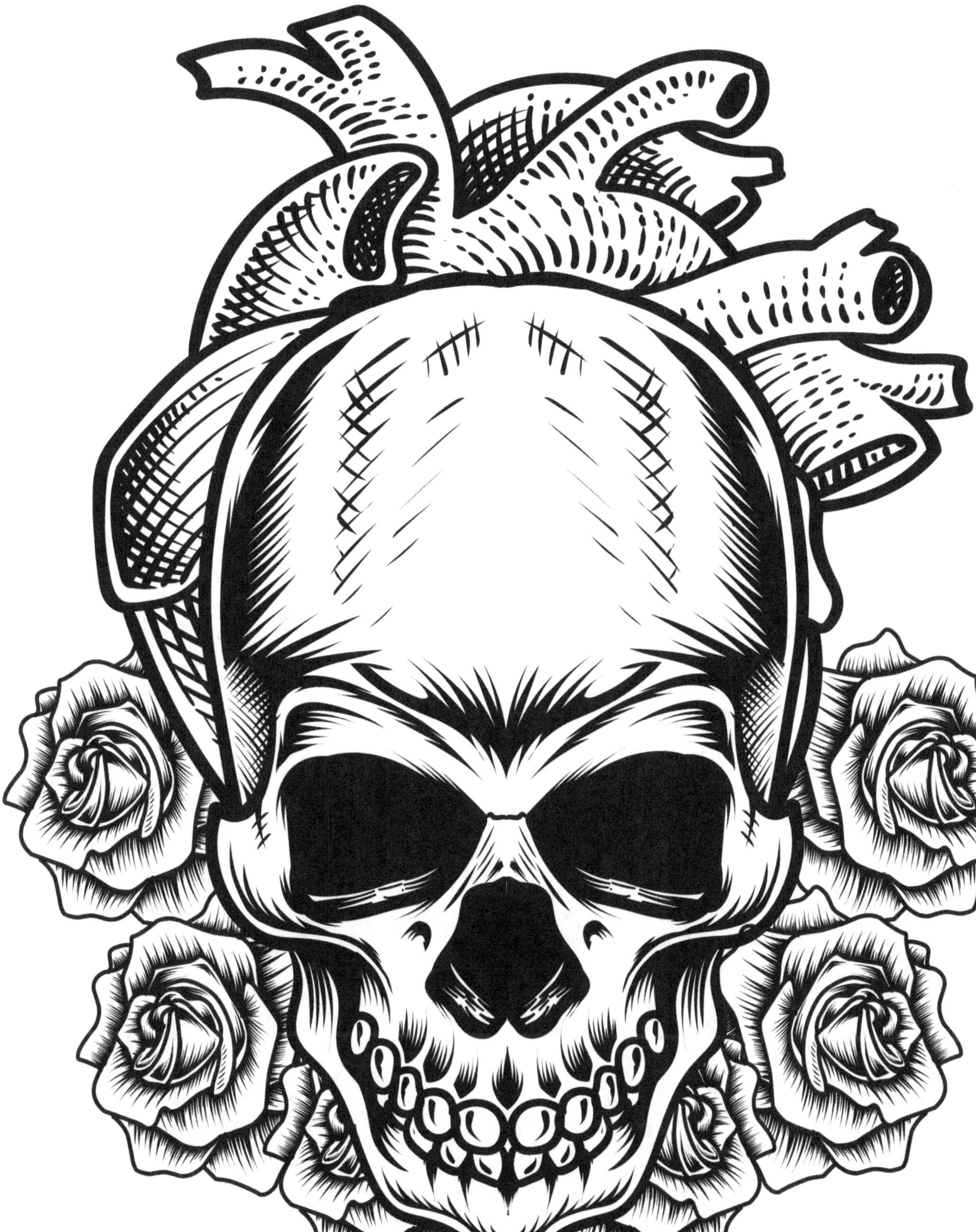

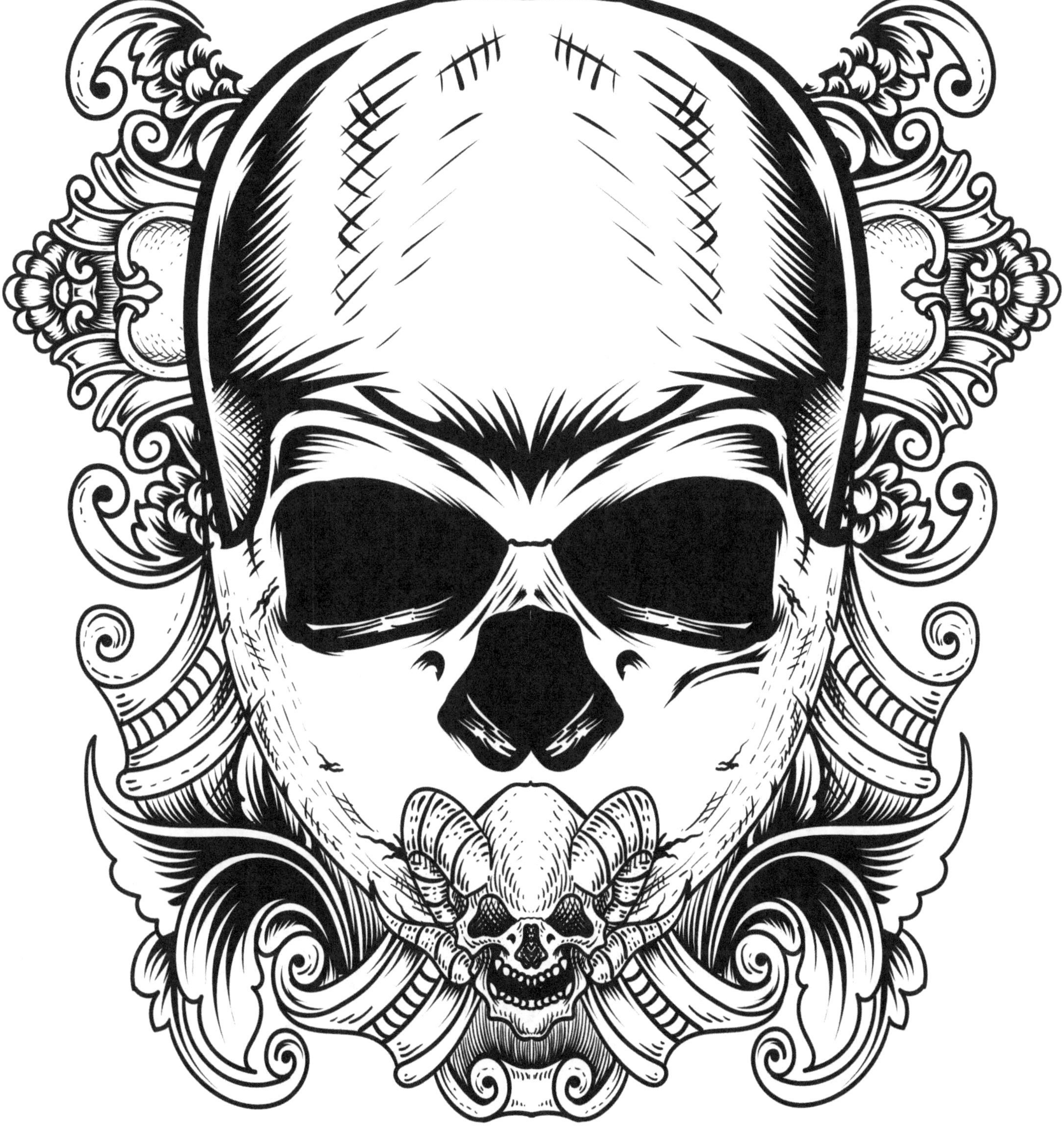

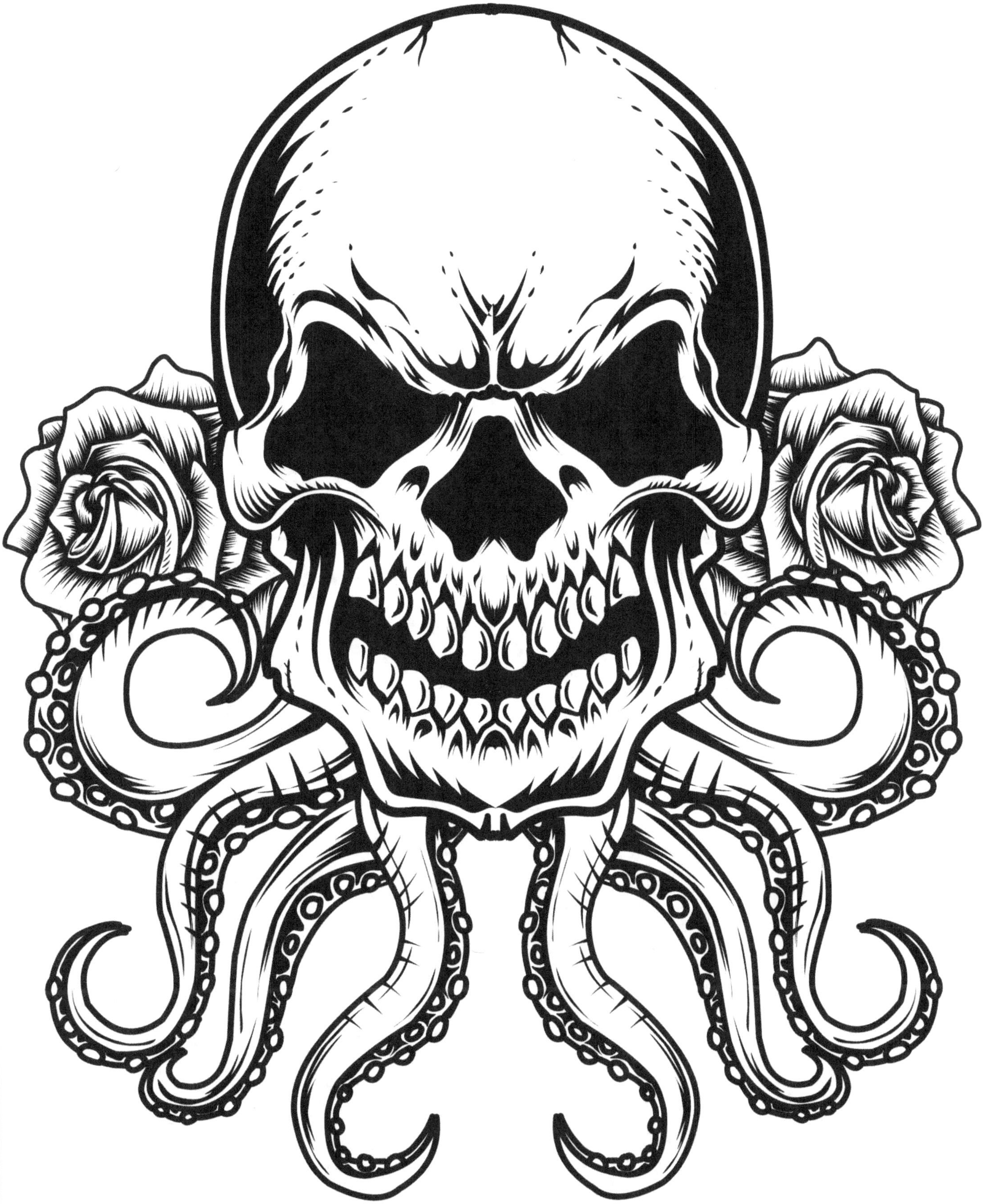

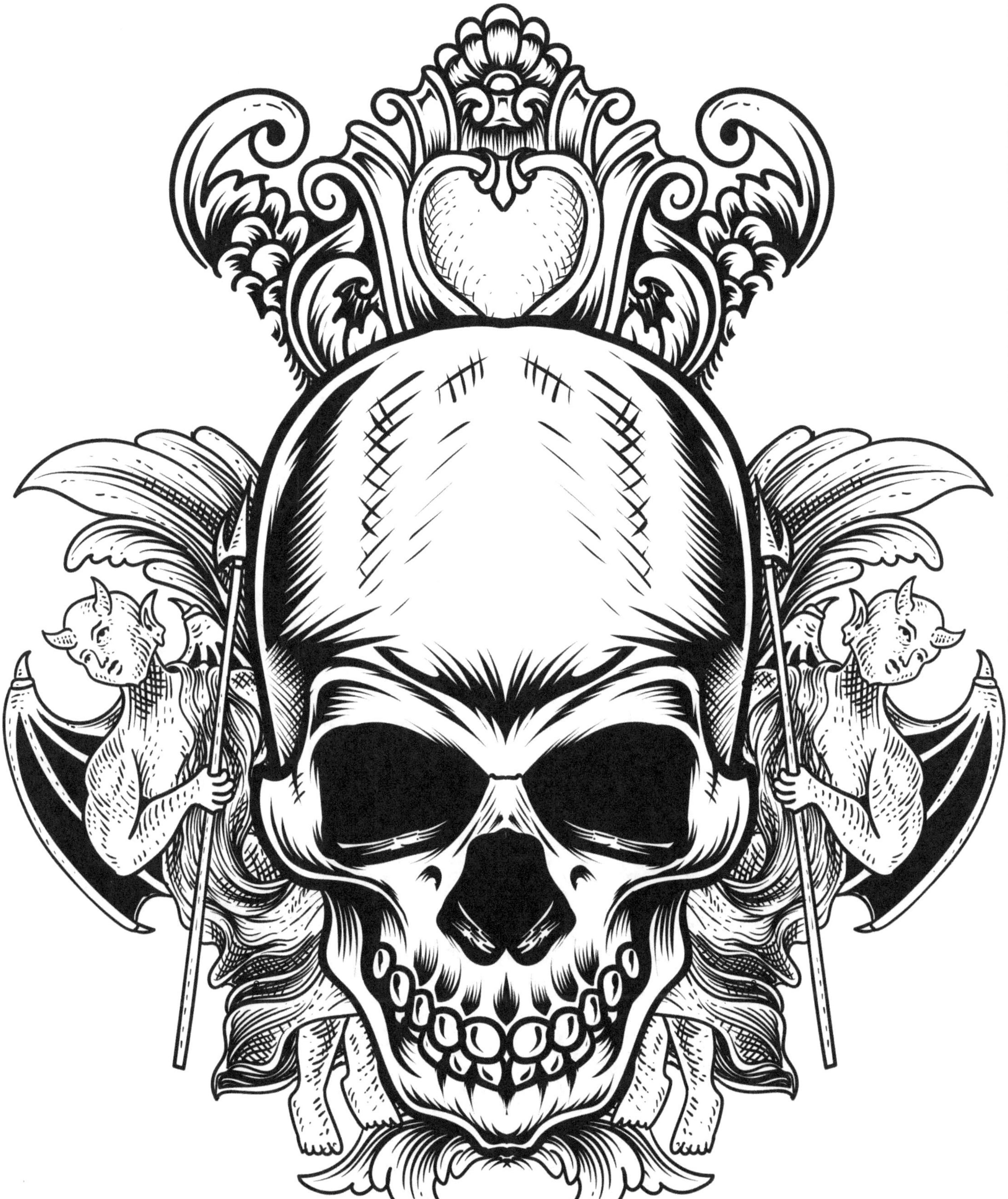

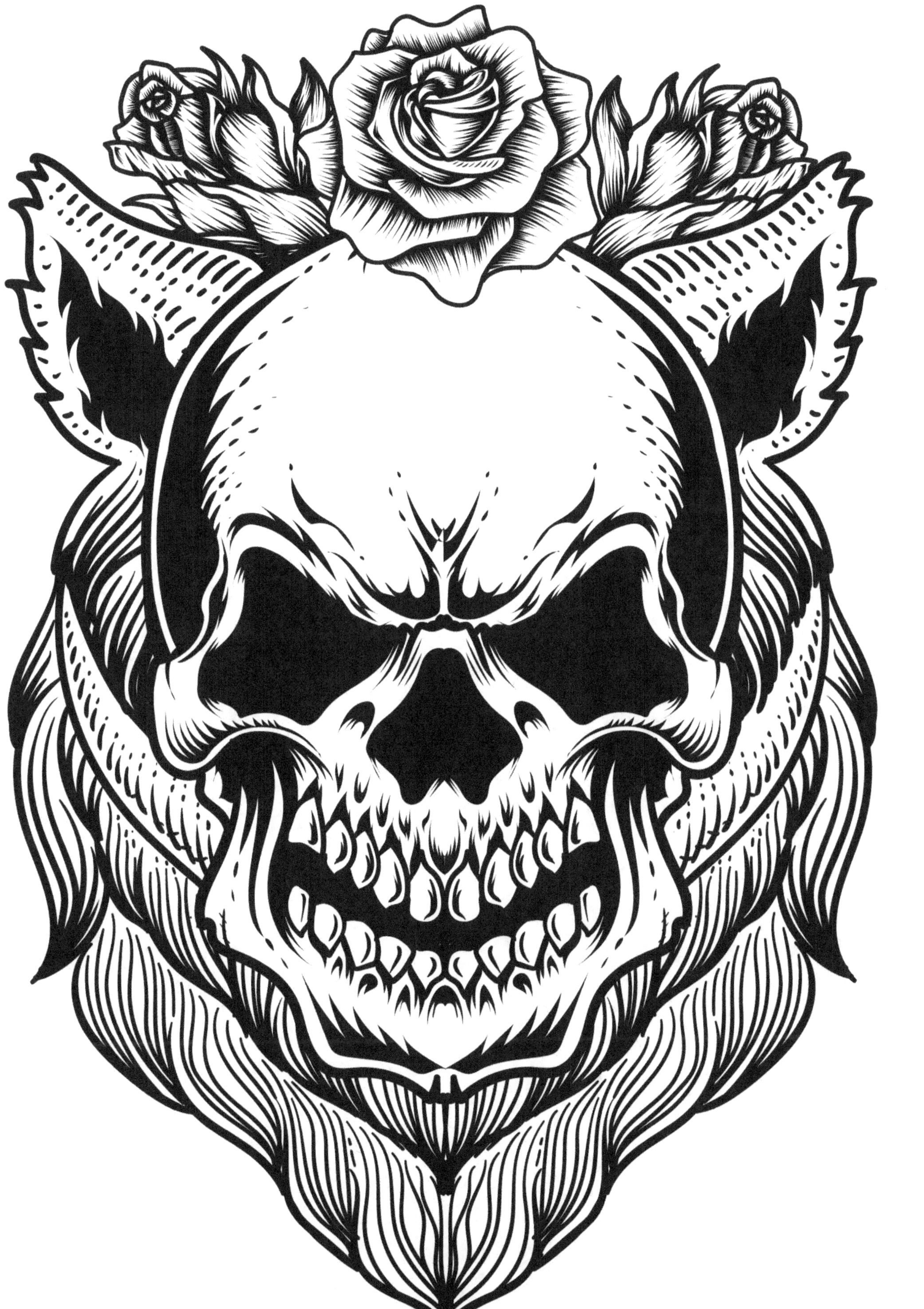

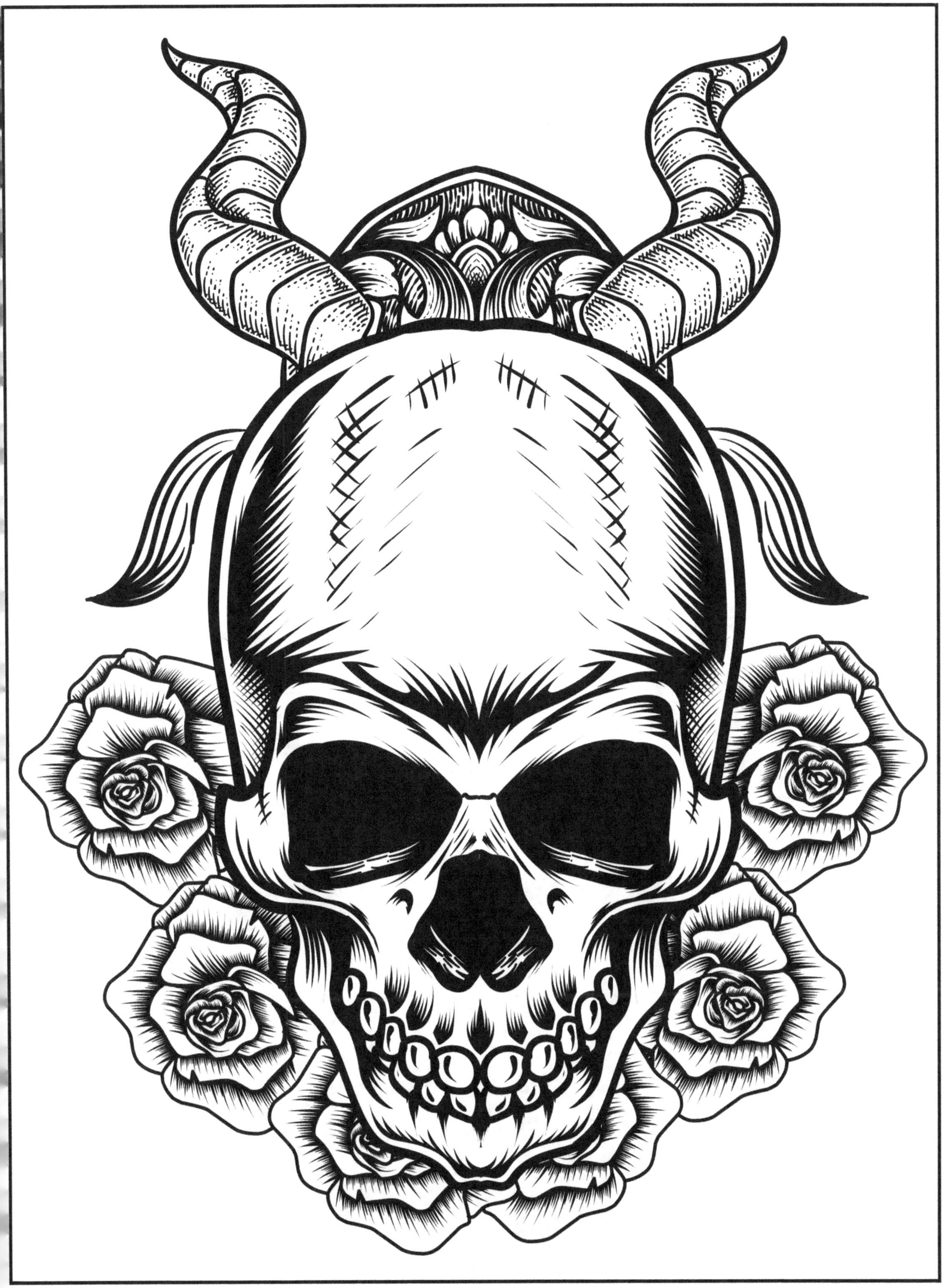

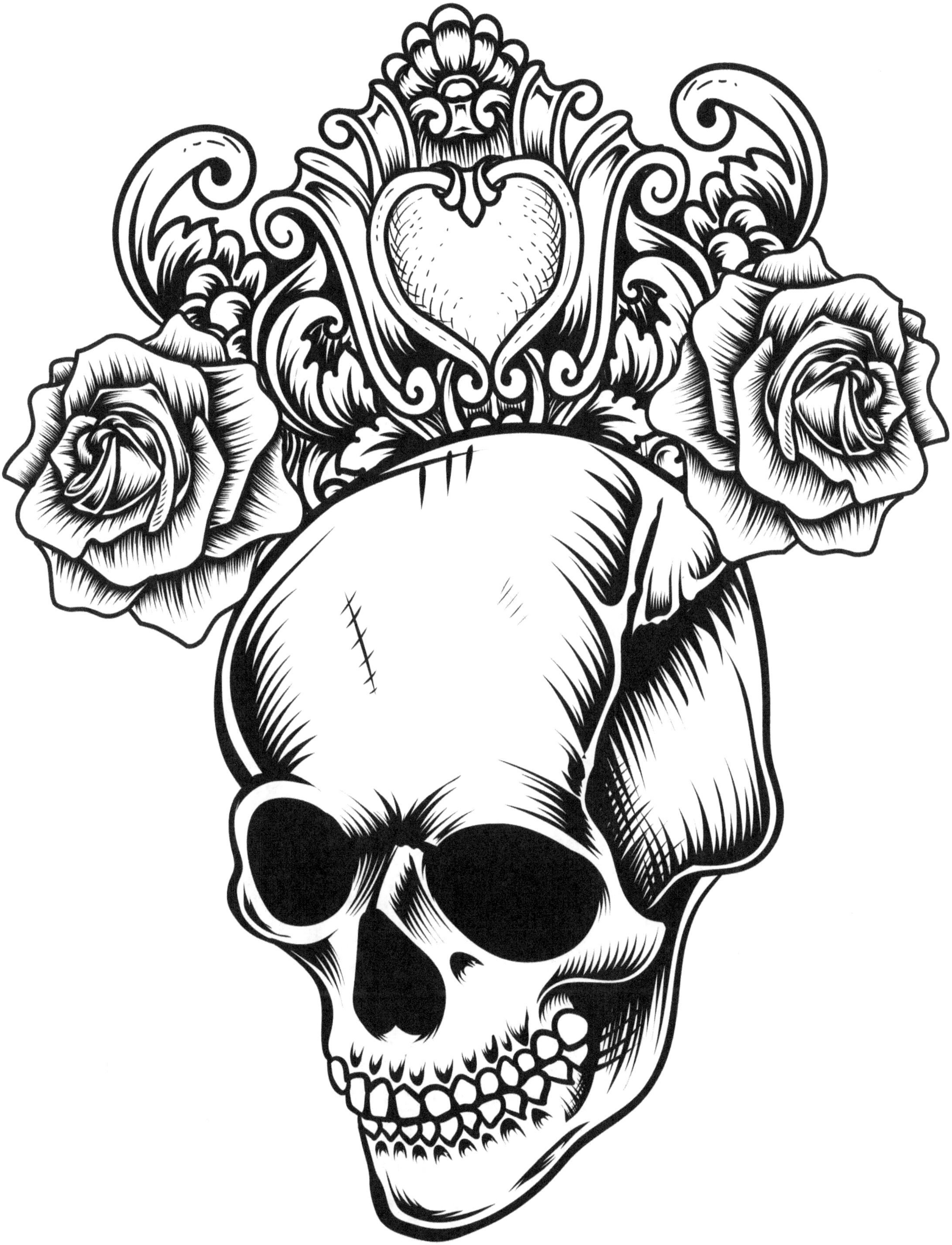

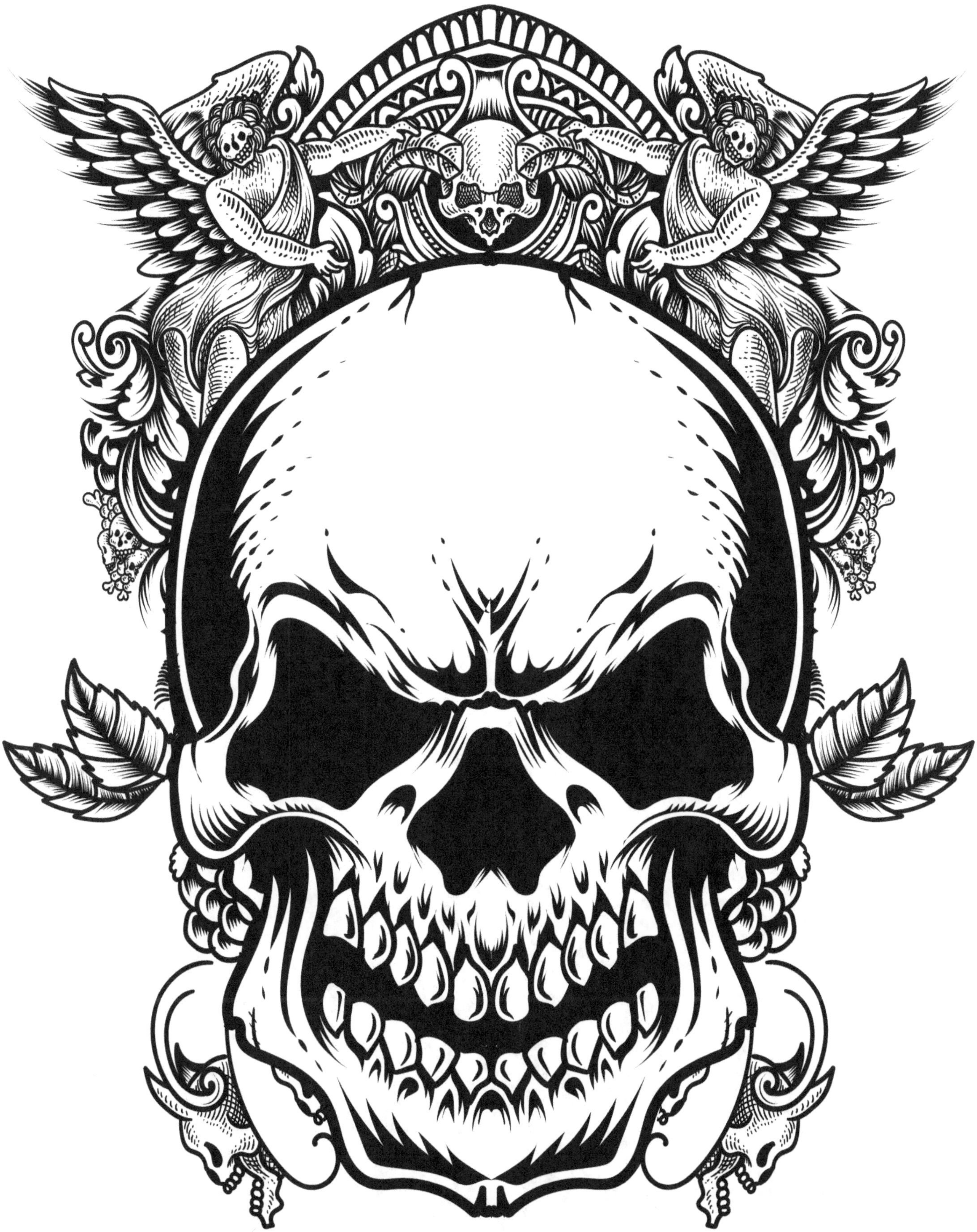

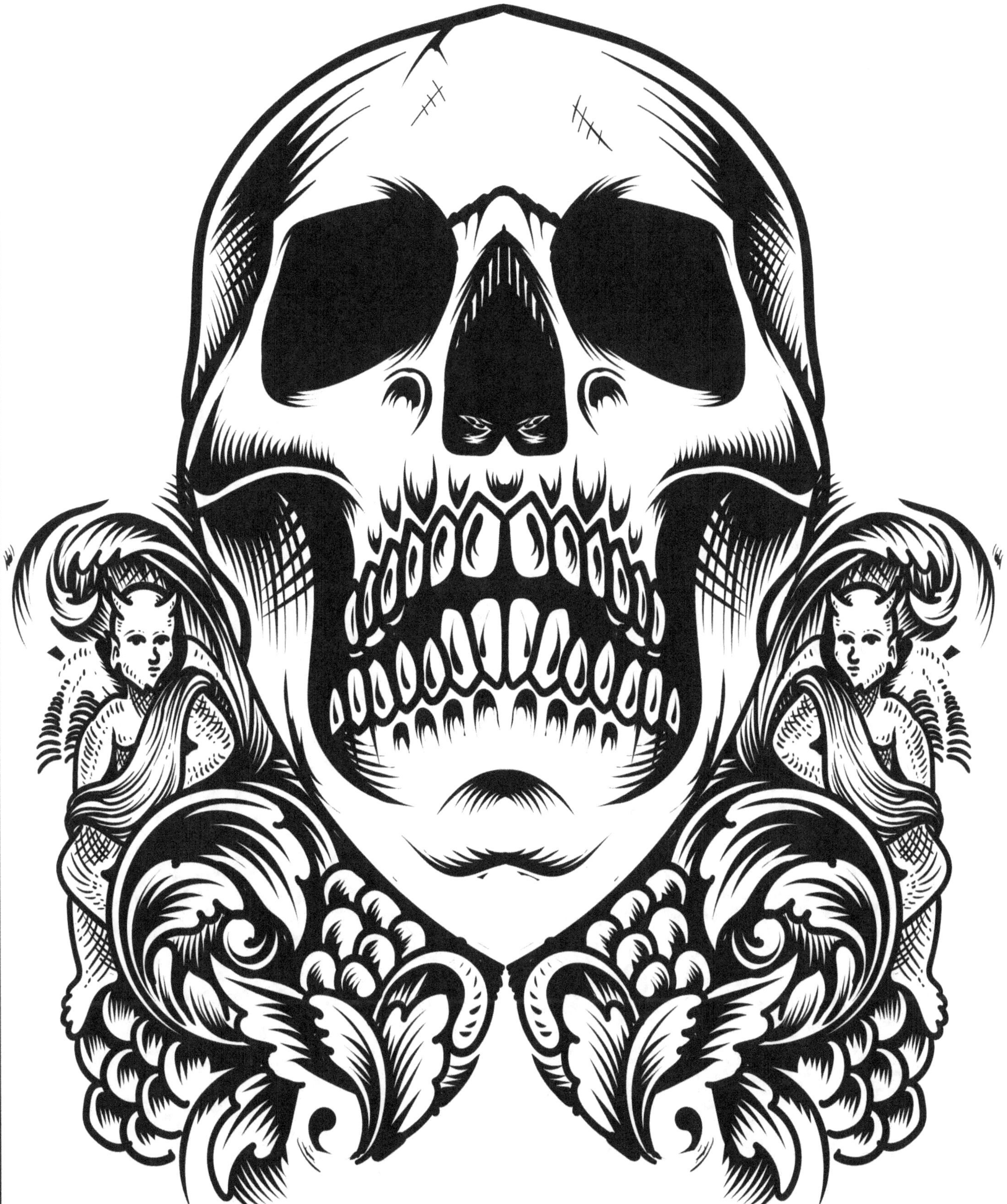

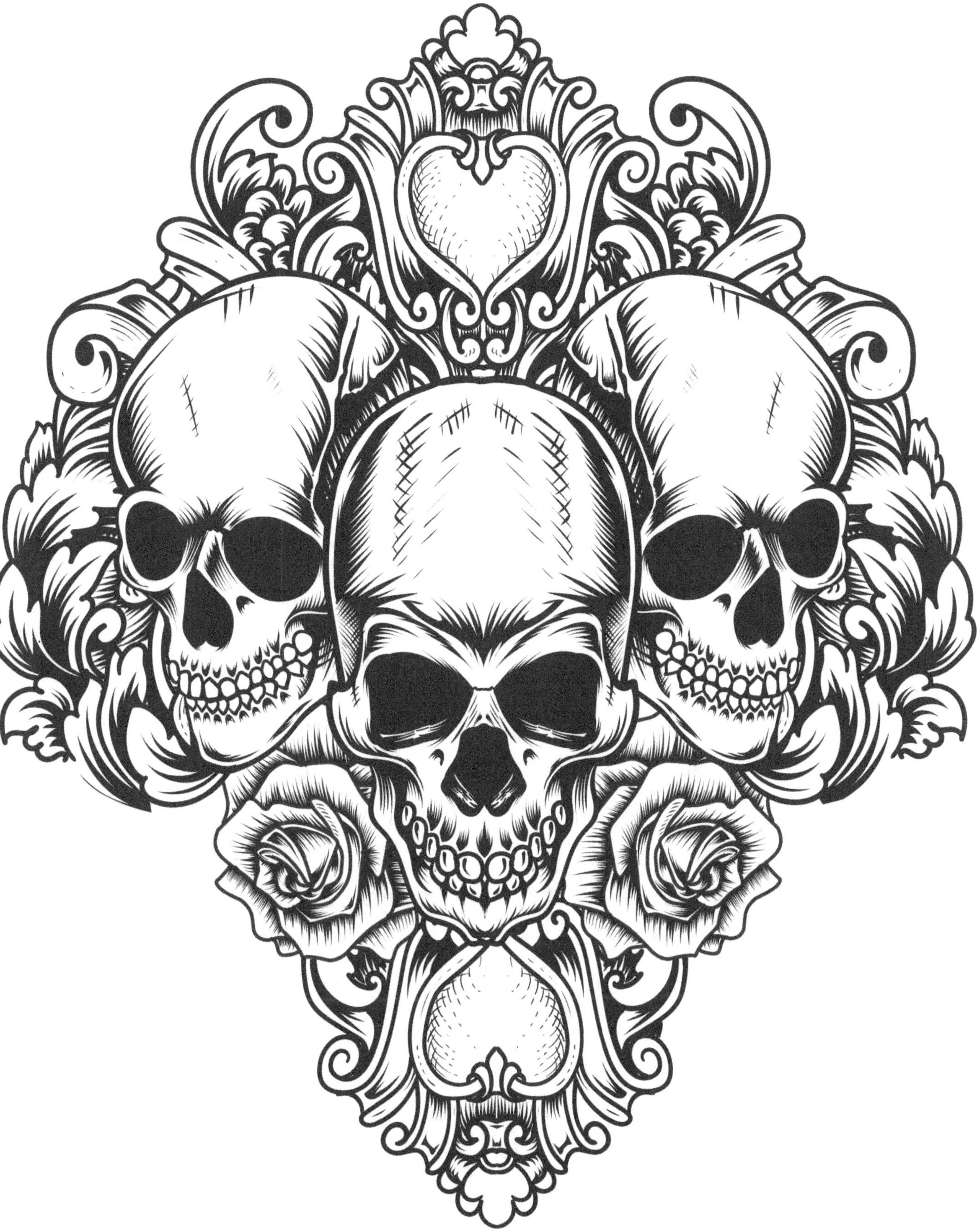

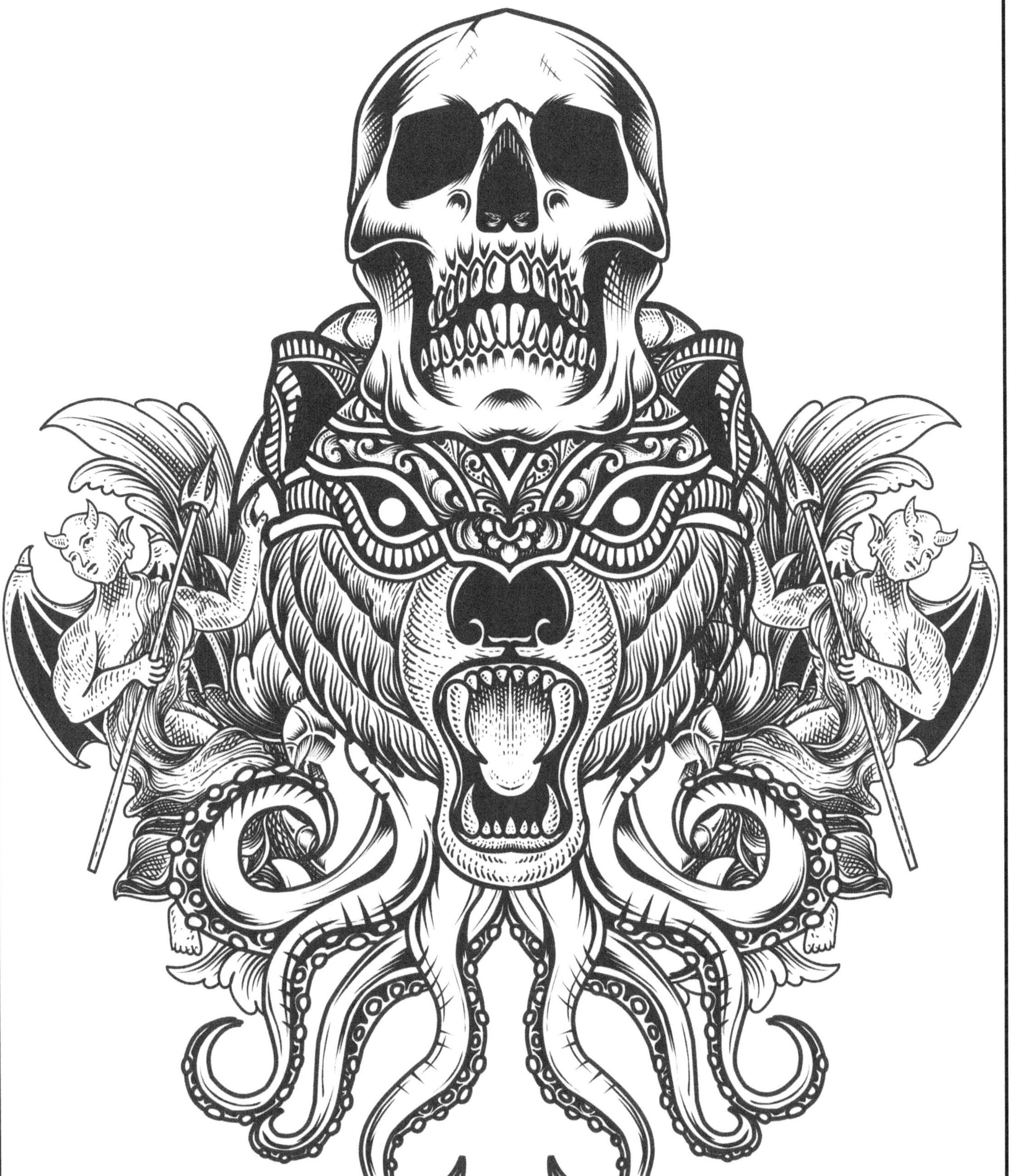

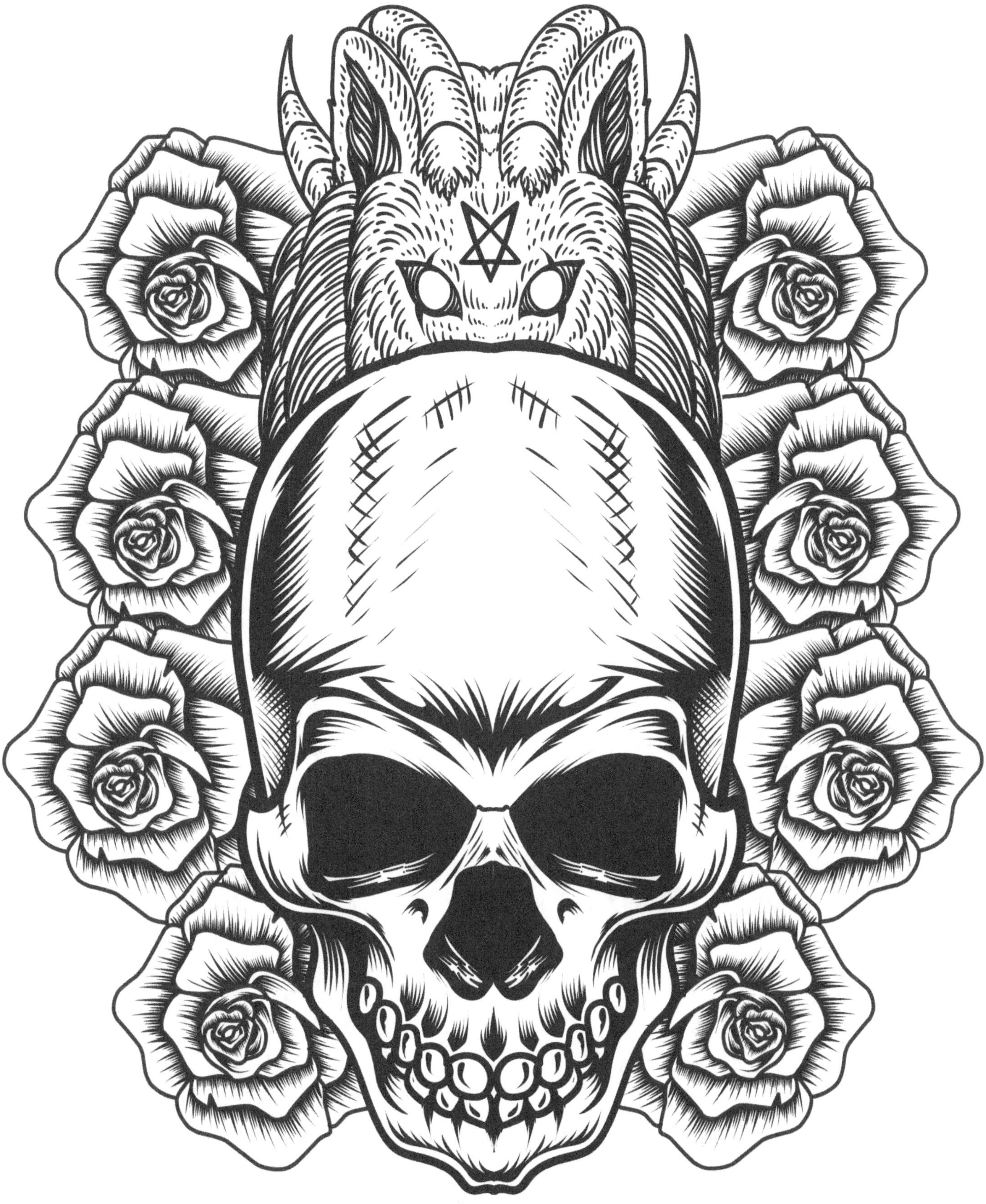

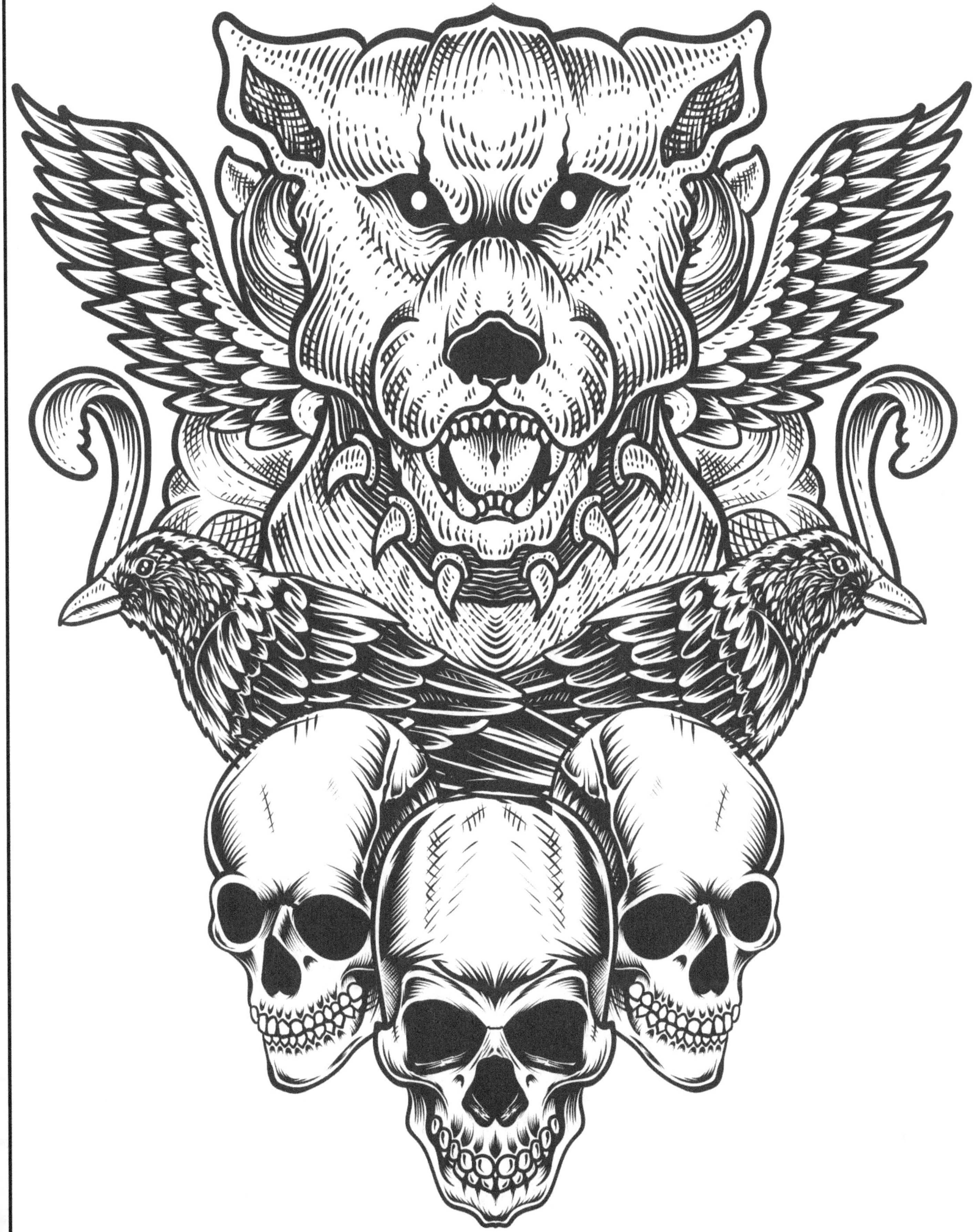

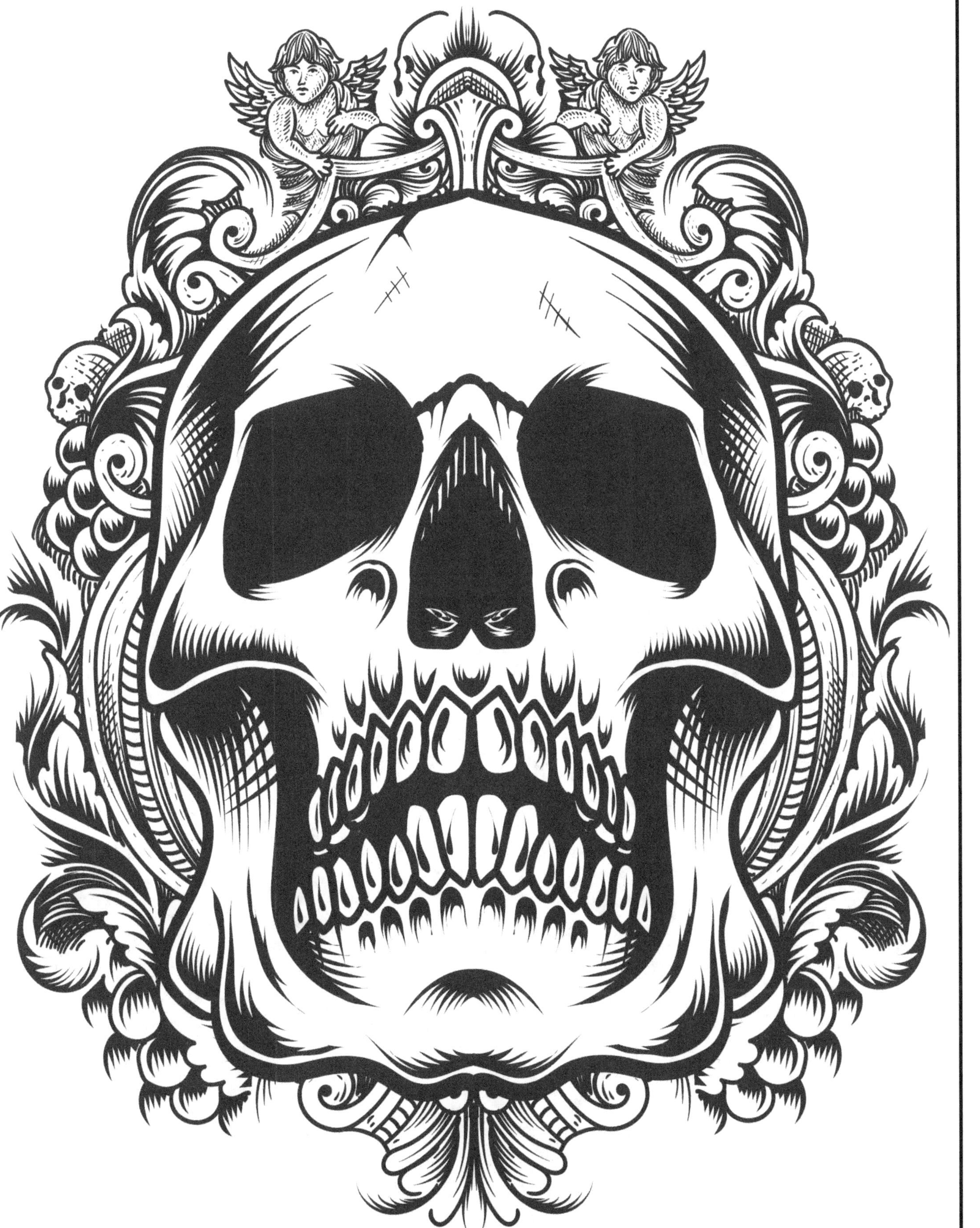

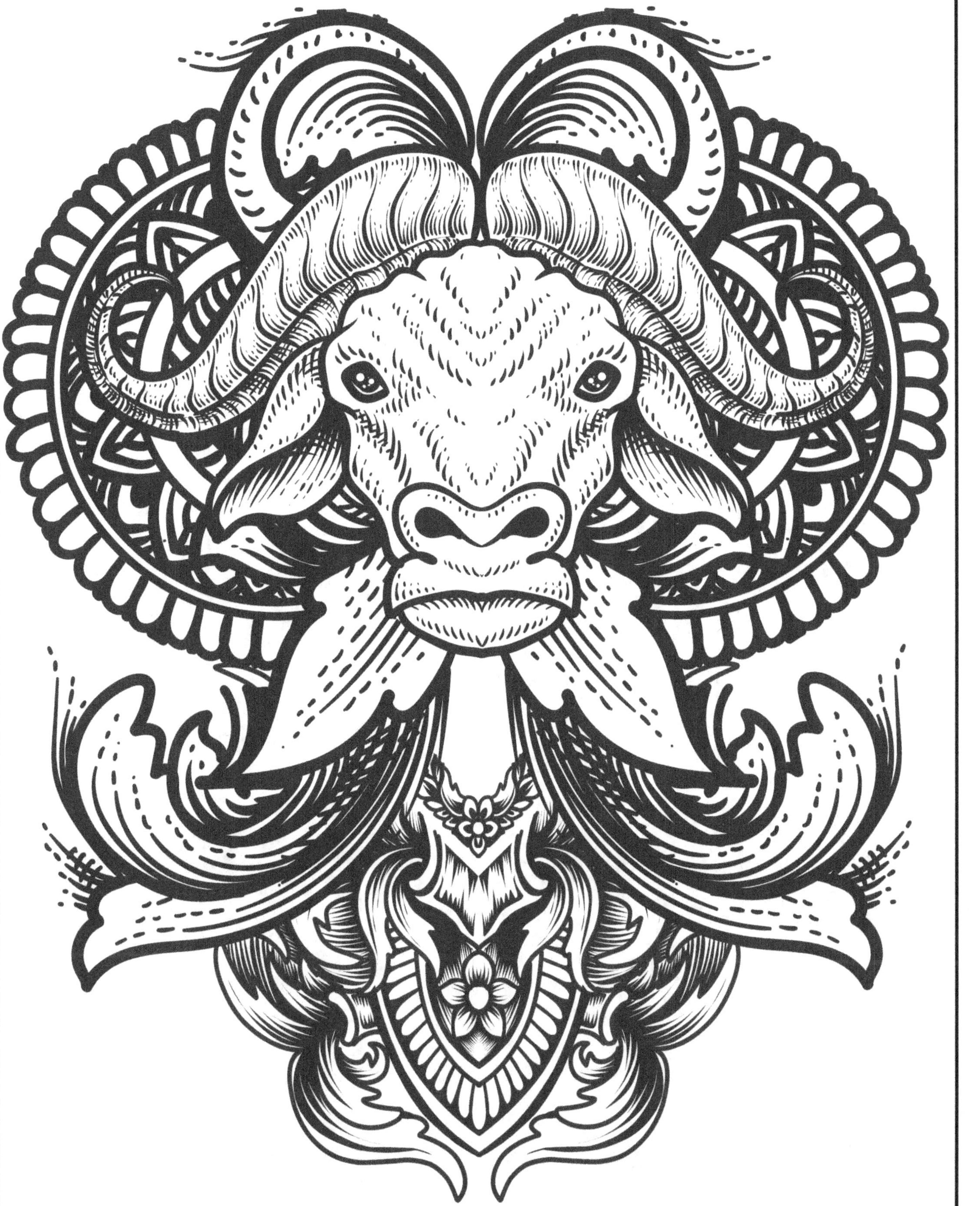

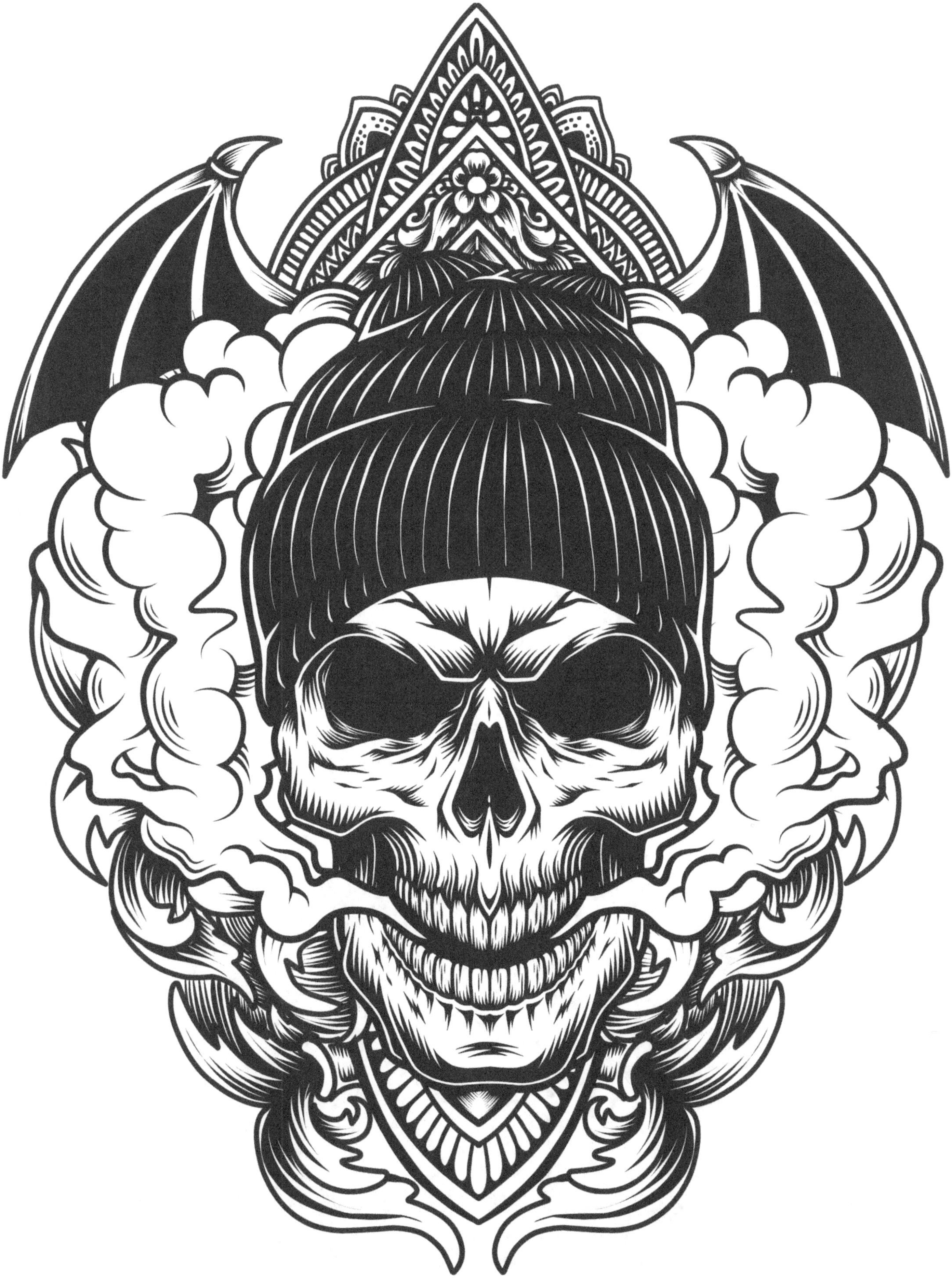

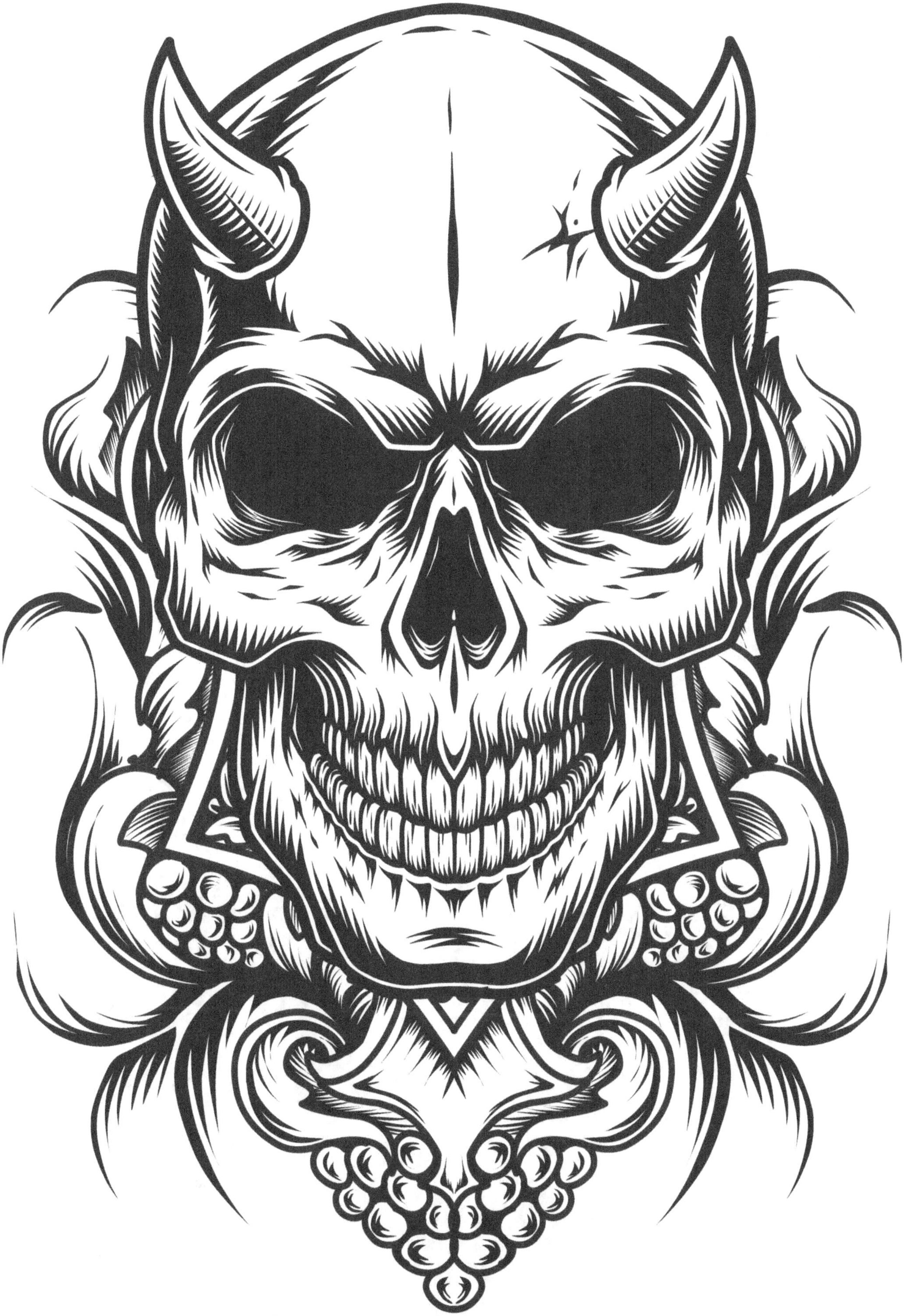

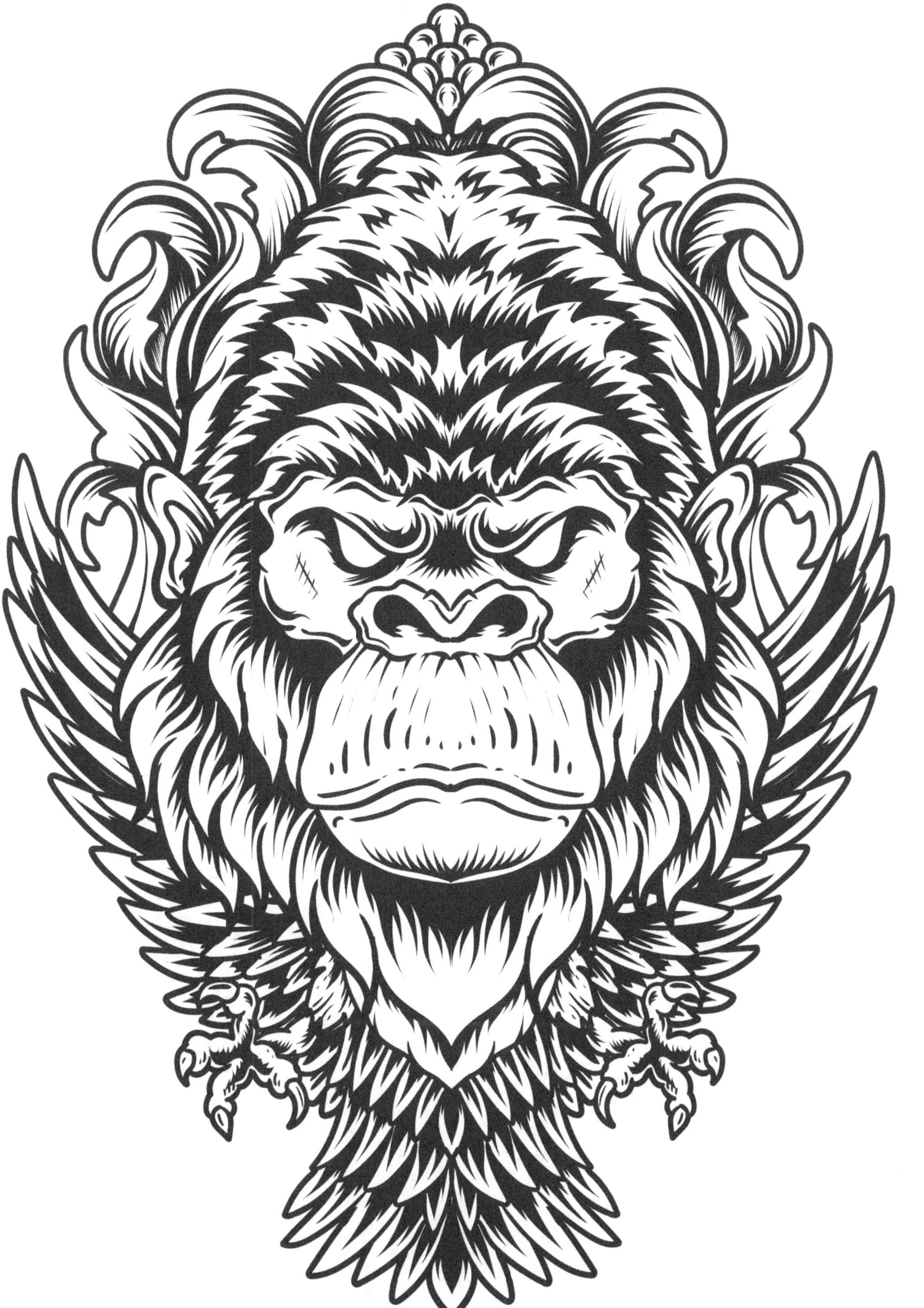

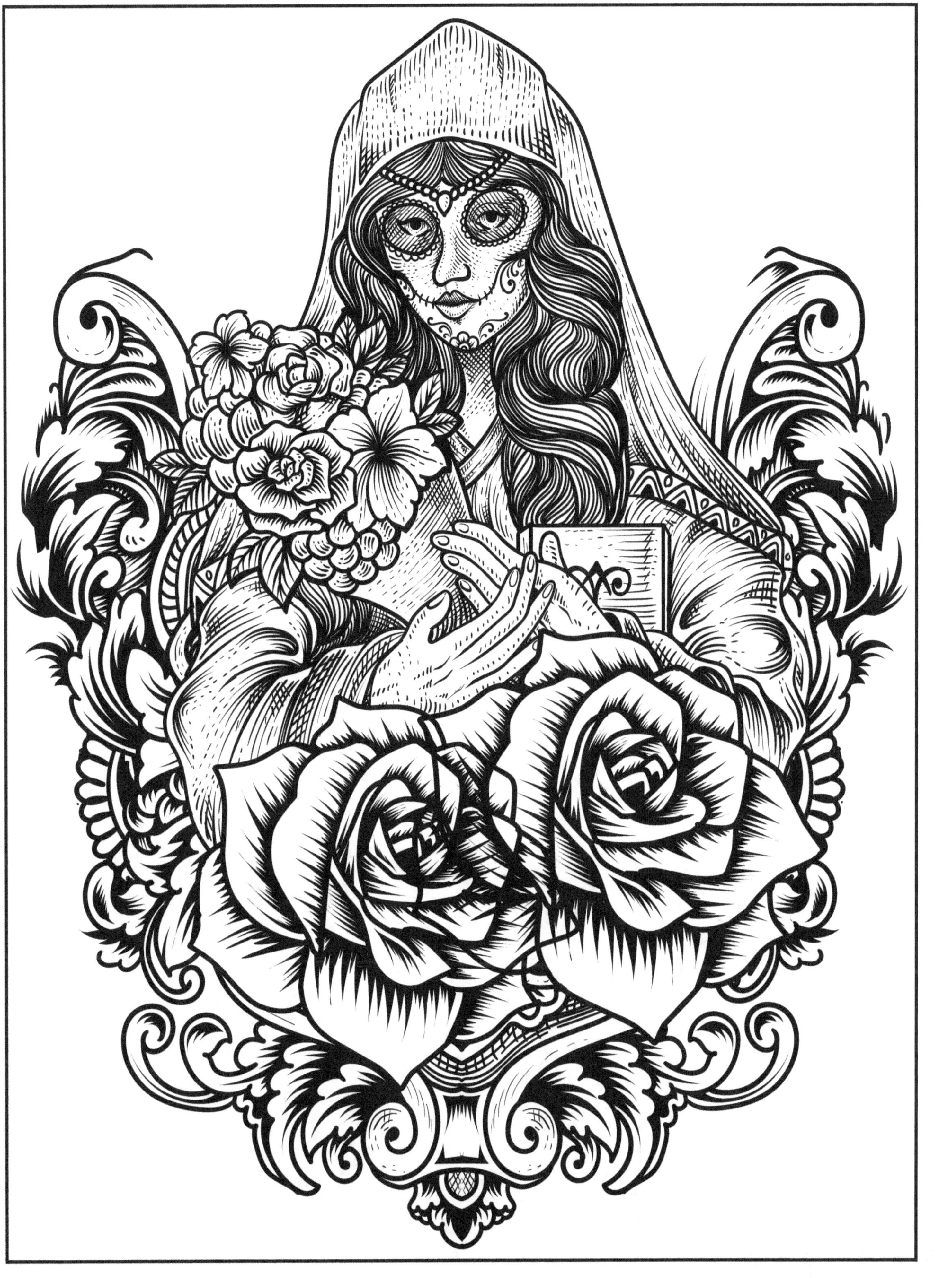

www.ingramcontent.com/pod-product-compliance
Lightning Source LLC
Chambersburg PA
CBHW082149230526
45467CB00043B/2670
* 9 7 9 8 3 7 9 0 0 6 5 2 5 *